AF337502

LE
PÈLERINAGE EN TERRE SAINTE

ET LE

CONGRÈS EUCHARISTIQUE DE JÉRUSALEM

de 1893.

———————

RAPPORT

LU A L'ASSEMBLÉE GÉNÉRALE DE L'ŒUVRE DE L'ADORATION NOCTURNE

TENUE A PARIS, LE 14 JANVIER 1894

PARIS

J. MERSCH, IMPRIMEUR

22, PLACE DENFERT-ROCHEREAU, 22

—

1894

LE
PÈLERINAGE EN TERRE SAINTE

ET LE

CONGRÈS EUCHARISTIQUE DE JÉRUSALEM

de 1893.

RAPPORT

LU A L'ASSEMBLÉE GÉNÉRALE DE L'ŒUVRE DE L'ADORATION NOCTURNE

TENUE A PARIS, LE 14 JANVIER 1894

PARIS

J. MERSCH, IMPRIMEUR

22, PLACE DENFERT-ROCHEREAU, 22

1894

LE PÈLERINAGE EN TERRE SAINTE

ET LE

CONGRÈS EUCHARISTIQUE DE JÉRUSALEM

MES CHERS CONFRÈRES,

Credo ! Tel est le cri de la foi, qui a successivement renversé les ennemis de l'Église, les philosophes, les impies sanguinaires de 1793, les athées, les jansénistes ! L'indifférence disparaît, le respect humain agonise.

Credo ! la foi ne suffit pas, il faut qu'elle soit vivifiée par les œuvres ; de là sont nées toutes les œuvres de foi et de prières qui sont l'honneur de ce siècle et la force du chrétien.

Credo !

Afin de donner à l'une de ces œuvres la forme la plus chère à son Sacré-Cœur, Notre-Seigneur Jésus-Christ inspira en 1880 à un saint aveugle, Mgr de Ségur, la pensée de fonder l'Œuvre des Congrès eucharistiques, pieuses réunions dans lesquelles se confondraient prêtres et laïques pour travailler avec un seul cœur et une seule âme à promouvoir le culte eucharistique.

Lille, Avignon, Liège, Fribourg, Toulouse, Paris, Anvers ont été successivement le siège de ces pieuses et doctes assemblées. La dernière eut lieu en 1890, il y a trois ans. Il fallait dans l'ordre de la Providence ces trois années de recueillement : pendant cet intervalle, on chercha un lieu de réunion. Bientôt un nom fut mis en avant : Jérusalem ! cela semblait un rêve irréalisable, mais que ne peut la foi ! Le Comité permanent des Congrès eucharistiques est encouragé, d'ailleurs, par les Pères Assomptionnistes qui, depuis douze ans, entraînent à leur suite une foule de chrétiens à Jérusalem et qui offrent de mettre leur organisation et leur expérience au service du Congrès. Quand M. de Pélerin, secrétaire général des Congrès eucharistiques, eut fait adopter, malgré bien des doutes et des sourires, l'idée de tenir une de ces assemblées à Jérusalem, il se rendit dans cette ville pour la préparer. Peu après, le prétendu miracle se dessinait plus nettement. Les appuis successifs et les démarches de

Monseigneur de Liège et du cardinal Langénieux, l'éclatante approbation du Souverain Pontife ne permettaient plus de douter que le Congrès se réunirait. La diplomatie était aux abois : « Je ne sais, disait un haut personnage, quel est le fou qui a inventé de tenir un Congrès catholique international à Jérusalem », et le R. P. Bailly nous racontait à Montmartre qu'une bouche très autorisée lui avait tenu ce langage : « Vous serez responsable devant Dieu du sang qui sera versé. »

Jusqu'à la dernière minute on a redouté des complications extérieures. Je passe sur les obstacles matériels qui ont surgi de toutes parts pour enrayer le pèlerinage, mais dont l'extrême activité des organisateurs et leur inaltérable confiance dans le succès ont toujours eu raison. Le récit en serait une véritable odyssée.

Par une heureuse coïncidence, le Congrès concordait avec l'année jubilaire des noces d'or de S. S. Léon XIII.

Rome fut mis en tête de l'itinéraire à parcourir par les congressistes. Il convenait d'ailleurs d'aller déposer aux pieds du Saint-Père l'hommage de notre ferme et inviolable attachement, de lui exprimer les vœux que nous formons à l'occasion de son jubilé épiscopal, de lui demander de bénir notre voyage et nos travaux, de le remercier surtout de venir rehausser l'éclat de ces solennelles assises par l'envoi du cardinal légat, qui doit les présider en son nom.

A Rome, les pèlerins de Jérusalem venus de Marseille, les uns sur *le Poitou*, les autres par les voies ferrées, se séparent, les premiers pour se rembarquer sur *le Poitou* qui les attend à Naples, les autres pour retourner à Marseille, afin de s'embarquer sur la *Ville de Brest*.

Enfin nous quittons les rivages de l'Italie pour voguer vers la Terre sainte.

Ce qu'il y a eu de plus merveilleux, peut-être, dans tout le pèlerinage, c'est l'église flottante sur laquelle nous opérons la traversée. Sur les 400 pèlerins du *Poitou* il y a 190 prêtres, et tous les matins ces prêtres du Seigneur offrent le saint sacrifice sur le gaillard d'arrière couvert d'une vaste tente et converti en chapelle.

A aucune époque, même du temps des croisades, où nombre

de prêtres accompagnaient les croisés, on ne vit un pareil spectacle. Aussi, que de grâces, et qu'il fait bon vivre et même mourir auprès de Jésus, le pilote de cette église ambulante, toujours présent dans son tabernacle ! Oh ! elle n'a pas eu peur de la mort, cette servante intrépide de Roubaix qui est décédée en mer et dont l'immersion a eu lieu à bord du *Poitou* au milieu de la plus belle assistance qui puisse se rencontrer à des obsèques, 400 pèlerins et 400 pèlerins priant ! Le lendemain, les 190 prêtres offraient le saint sacrifice pour le repos de son âme et la messe solennelle de *Requiem* était chantée au maître-autel : *Beati qui in Domino moriuntur !*

Dans la chapelle avaient lieu les exercices de chaque jour : récitation du Rosaire, chemin de croix, prédication, salut solennel du Saint Sacrement, exposition et adoration nocturne. Le temps, heureusement, se maintenait au beau et les âmes du purgatoire, pour lesquelles on prie beaucoup, répandaient sur les voyageurs du *Poitou* leur bienfaisante influence.

Sur la *Ville de Brest*, Notre-Seigneur était également présent ; il y avait autant de messes célébrées et la même émulation de prières.

Le mercredi 26 avril, la vigie signale la Terre sainte : nos cœurs battent d'émotion ; une heure après, le *Poitou* jette l'ancre dans la rade de Jaffa.

Quelques pèlerins, parmi lesquels les organisateurs du pèlerinage, débarquent pour prendre le train de Jérusalem.

Pendant ce temps, la *Ville de Brest* nous rejoignait et jetait l'ancre à 500 mètres du *Poitou*. Ce fut une joie indescriptible. Les mouchoirs s'agitent, on chante alternativement les versets de l'*Ave maris Stella*, les fusées s'entrecroisent, le canon tonne, les mâts s'illuminent de feux de Bengale multicolores.

On lève l'ancre, et les deux bateaux suivent le même sillage à travers la nuit étoilée. Le lendemain nous nous réveillons dans la rade de Caïffa.

En foulant pour la première fois le sol béni, nous baisons la terre et nous montons processionnellement jusqu'au couvent du Carmel, en longeant le flanc de la montagne.

Il faudrait des volumes pour raconter les excursions du pèlerinage à travers la Galilée, la Samarie et la Judée. Ces descriptions ont été faites, du reste, avec un talent hors ligne par Mgr Péchenard, le colonel Prévot, Mlle Léonie de Bazelaire et le R. P. Lambert, sans compter les auteurs qui nous sont restés inconnus.

Nous nous bornerons donc à vous faire part de quelques-unes de nos impressions, en changeant l'itinéraire du pèlerinage, pour suivre l'ordre des quinze mystères du Rosaire.

C'est par le mont Carmel que nous débutons, sous les auspices de la sainte Vierge. Le Carmel et la nuée aperçue par Élie, au loin sur la mer, ont toujours été considérés comme des figures de la très sainte Vierge.

Notre bonne Mère nous attendait pour bénir le pèlerinage entrepris pour glorifier son divin Fils dans le sacrement de son amour. C'est avec une douce émotion que nous la vénérons ensuite dans les sanctuaires dont la mémoire est célébrée dans les Mystères joyeux ; à Nazareth, dont le nom signifie *fleurs*, où s'accomplit le mystère de l'*Annonciation* ; à Saint-Jean dans la montagne, dans le sanctuaire du *Magnificat*, où la sainte Vierge vint *annoncer la bonne nouvelle* à sa cousine Élisabeth, dans la maison de Zacharie ; à la grotte de Bethléem, la maison du pain, où *naquit le divin Sauveur ;* à la mosquée El Aksa, construite sur l'emplacement du Temple où se passa le mystère de la *Présentation* ; à Beroth, où Marie s'aperçut de la disparition de Jésus, qu'*elle retrouva* le troisième jour, prêchant dans le Temple.

Quels souvenirs ! Nous parcourons tous ces sanctuaires l'Évangile à la main et munis du pain vivant que les pèlerins, en grand nombre, reçoivent chaque matin dans leur cœur. Dans chacun des sanctuaires, les prêtres célèbrent la messe de la fête. Quand il n'y a ni église, ni chapelle, on dresse une tente sous laquelle on célèbre le saint sacrifice.

Puis nous suivons les traces de Jésus dans sa vie publique : à Cana, où il changea l'eau en vin, miracle, disent les saints Pères, qui était, par la transsubstantiation, la figure du mystère permanent qui s'opère sur l'autel ! Nous nous souvenons avec émotion que ce premier miracle est dû à l'intercession de Marie, qu'elle ne se déconcerte pas en entendant la réponse du Sauveur : « *Quid est mihi tibi* », mais que, confiante dans le cœur aimant de son Fils, elle use de sa puissance en disant aux serviteurs :

« Faites tout ce qu'il vous dira. » — Nous prions dans ce sanctuaire pour les mariages chrétiens.

Nous parcourons rapidement la rive du Jourdain, près du lieu du baptême de Notre-Seigneur et nous gravissons la montagne de la Quarantaine, où nous vénérons la grotte dans laquelle Jésus, après son jeûne de quarante jours, eut faim et fut tenté par Satan. — Nous voyons Tibériade, où nous prions pour le Souverain Pontife, pendant qu'on dit la messe de la fête de saint Pierre dans le sanctuaire qui rappelle la vocation de cet apôtre ; le lac ou mer de Génésareth, où nous évoquons le souvenir de Jésus calmant la tempête, celui de saint Pierre marchant sur les eaux, la pêche miraculeuse et la parole trois fois répétée à saint Pierre par le Sauveur après sa résurrection : « Pais mes agneaux » ; à l'extrémité du lac, Capharnaüm, ville maudite, qui n'a pas eu foi dans le Messie et dont il ne reste que quelques pierres. Ce lieu nous rappelle cependant un souvenir eucharistique. C'est là que résidait le centenier, cet homme de foi, qui demandait la guérison de son serviteur, en ajoutant : « *Domine, non sum dignus* », paroles que l'Église s'est appropriées en les répétant avant la communion.

Le lac est dominé à l'ouest par la montagne des Béatitudes.

Plus loin nous faisons l'ascension du mont Thabor, où les prêtres célèbrent la messe de la Transfiguration.

A côté de Naplouse, ancienne Sichem, nous vénérons le puits de Jacob, où Jésus convertit la samaritaine. « Si vous connaissiez le don de Dieu, lui dit Jésus, et qui est celui qui vous dit : « Donnez-moi à boire », peut-être lui en eussiez-vous demandé vous-même et il vous aurait donné d'une eau vive. »

Ce don de Dieu, cette fontaine d'eau « jaillissante jusque dans la vie éternelle », n'est-ce pas Jésus hostie ?

Le prêtre schismatique grec qui garde ce lieu veut empêcher le pèlerinage de dire la sainte messe. « Il coulera plutôt du sang », s'écrie l'énergumène ! Parole prophétique, puisque le saint sacrifice a pu être offert et que le sang du divin Sauveur a coulé, en effet, dans le calice. Il serait trop long de raconter à la suite de quelles péripéties le fait a pu s'accomplir. Aussi bien, ai-je hâte d'arriver à Jérusalem.

Du haut du mont Scopus, nous voyons se dérouler le panorama de la ville sainte. Nous mettons pied à terre pour nous prosterner et baiser la terre et nous saluons Jérusalem en chantant le psaume : « *Lætatus sum.* »

Enfin la caravane de la Samarie fait son entrée à Jérusalem, drapeau de la France en tête, et nous retrouvons avec bonheur nos frères qui nous ont précédés. Nous nous joignons à eux et nous nous rendons processionnellement à l'église du Saint-Sépulcre, pour vénérer le glorieux tombeau du Christ !

Les pèlerins profitent des quelques jours qui les séparent du Congrès, pour s'y préparer par la visite des saints lieux.

Béthanie et le tombeau de Lazare ; à côté, l'emplacement de Bethphagé où Jésus monta sur l'ânesse pour faire son entrée triomphale à Jérusalem, en passant par la Porte Dorée, murée depuis des siècles par les musulmans, à la suite d'une prophétie dont ils redoutent l'accomplissement.

Le mont des Oliviers nous rappelle le commencement des douleurs de Notre Seigneur, que nous méditons dans les cinq mystères douloureux du Rosaire. Ici, au pied du mont des Oliviers, c'est la grotte de Gethsémani, la grotte de l'*Agonie*. Là, dans la ville, c'est l'église de la *Flagellation* et, à côté, celle du *Couronnement d'épines.*

Le *portement de la Croix* s'est effectué sur tout le parcours de la voie douloureuse, depuis le palais de Pilate, devenu aujourd'hui caserne turque, jusqu'au Golgotha, en passant par l'église du Spasme, lieu de la rencontre de Notre-Seigneur avec sa très sainte Mère, l'église de sainte Véronique et les autres stations du chemin de croix, jusqu'au Calvaire.

Dans l'église du Calvaire, nous embrassons avec une respectueuse émotion l'emplacement des 10e, 11e, 12e et 13e stations, où Jésus-Christ fut successivement dépouillé de ses vêtements, attaché à la croix, où *Il mourut crucifié*, où son corps fut remis à sa Mère.

En descendant l'escalier de l'église du Calvaire, on arrive à l'édicule qui renferme le tombeau du Maître du monde. Les Latins y célèbrent chaque jour la messe de la *Résurrection*. C'est la fête de Pâques, c'est la joie du triomphe sur la mort, l'accomplissement des prophéties, la rédemption du monde. C'est le sujet de méditation du premier mystère glorieux.

Le mystère de l'*Ascension* se passa sur le sommet de la montagne des Oliviers. Le pèlerinage s'y est rendu le jour de la fête de l'Ascension et les pèlerins ont baisé avec transport la trace du pied de Notre-Seigneur imprimée sur le roc.

L'*Esprit-Saint est descendu* sur la très sainte Vierge et les Apôtres réunis dans le cénacle, sur le mont Sion.

C'est l'endroit le plus auguste du monde, c'est là qu'eurent lieu le lavement des pieds, l'admirable sermon avant la Cène, qu'on lit dans l'Évangile de saint Jean, l'institution du sacrement de l'Eucharistie, puis la descente de l'Esprit-Saint. L'église a été prise aux Franciscains par les musulmans, qui l'ont profanée en la convertissant en mosquée.

Les Pères de l'Assomption ont pu acheter l'année dernière un terrain à proximité. Une tente y fut dressée le jour de la Pentecôte et les prêtres du pèlerinage purent y célébrer en grand nombre la messe de la fête.

La sainte Vierge passa les dernières années de sa vie à Jérusalem avec saint Jean, à côté du cénacle, dans une maison dont on conserve deux pierres marquées d'une croix : C'est le lieu de la dormition de la très sainte Vierge. On montre près de là l'endroit où les juifs tentèrent de s'emparer du corps de la sainte Vierge lorsqu'on le portait au tombeau. Le saint corps fut déposé dans un sépulcre situé dans la vallée de Josaphat, au pied du mont des Oliviers, à côté de la grotte de l'Agonie. C'est là que saint Thomas, qui ne pouvait se consoler de n'avoir pu assister aux derniers moments de la sainte Vierge, obtint des Apôtres l'ouverture du tombeau et qu'ils constatèrent le mystère de l'*Assomption*. Malheureusement, aucune cérémonie religieuse n'est venue rappeler cette fête si chère à tous, le saint tombeau étant confié à la garde des schismatiques.

De la Jérusalem terrestre, contemplons la Jérusalem céleste où *Marie a reçu la couronne* de Reine des Vierges, de Reine des Martyrs, de Reine de tous les Saints !

Reine du très saint Rosaire, priez pour nous !

Pendant ces pieuses excursions, le Congrès eucharistique se préparait. Le cardinal légat était resté quelques jours à Jaffa pour se livrer, dans la retraite et le recueillement, aux études préparatoires et prendre les dernières mesures relatives à son entrée à Jérusalem et à l'accomplissement de sa grande mission.

Outre nos mille pèlerins, Jérusalem avait vu débarquer dans ses murs quarante archevêques, évêques ou abbés mitrés, représentant les différents rites unis des églises catholiques d'Orient.

Le samedi 13 mai, à 3 heures, arrive à la gare de Jérusalem le train spécial qui amène le cardinal accompagné de son vicaire général Mgr Péchenard, de son secrétaire l'abbé Landrieux et de son gentilhomme pontifical, M. le comte Chandon de Briailles, en brillant uniforme de chevalier de Malte.

M. Ledoulx, consul général de France, suivi de tout le corps consulaire de Jérusalem et d'un grand nombre de prélats orientaux et de personnages de marque, attendait le légat.

Fait digne de remarque, tous les patriarches *non unis* avaient envoyé un archimandrite pour saluer en leur nom le représentant du Souverain Pontife.

Les paroles officielles échangées, le légat s'est rendu sous une tente dressée pour le recevoir et, en attendant la formation du cortège, Son Eminence a reçu un grand nombre de personnes accourues pour lui présenter leurs hommages.

Puis, dans une de ces causeries familières dont il a le secret, le cardinal a remercié les vénérables prélats d'Orient de leurs saluts fraternels : « Quel spectacle nous donnons au monde, disait Mgr Langénieux, par cette union des grandes familles religieuses proclamant l'unité de leur foi dans le plus grand des miracles et des mystères, source de la vie surnaturelle des peuples et acclamant ensemble Jésus, à deux pas du lieu où il a souffert et où il est mort ! »

Ce fut un spectacle inoubliable que celui de l'entrée triomphale du légat, en grand costume de cardinal, monté sur une haquenée blanche richement caraçonnée d'un drap de velours rouge à crépines d'or, précédé d'un diacre en long surplis, qui se dressait sur ses étriers, portant fièrement la croix.

Je ne puis m'appesantir sur les gardes à cheval, les cawas consulaires et les nombreux cavaliers composant une sorte de garde d'honneur.

Tout Jérusalem veut voir le cardinal et, de la gare à la porte de Jaffa, pendant un parcours de 3 kilomètres, il n'y a pas un pouce de terrain, pas un pouce de rocher qui ne soit occupé ; pas un olivier qui ne porte, suspendues à ses branches, des grappes humaines, pas une terrasse vide, pas une fenêtre qui ne laisse passer des têtes curieuses et voilées.

En vérité, c'est à se demander si on ne retrouve pas la foule de Jéricho quand Zachée monta sur un sycomore pour voir le Messie, ou plutôt si on n'assiste pas à l'entrée triomphale de Jésus à Jérusalem, le jour des Rameaux. Partout, non seulement les chrétiens, mais les musulmans et les juifs ôtaient leur coiffure.

La procession, précédée de la croix, a franchi les murs de la ville sacrée, ce qui ne s'était pas vu depuis la triste date de 1187, où nous perdîmes les lieux saints.

Les pèlerins accompagnèrent le légat jusqu'au Saint-Sépulcre, chantant alternativement le *Magnificat* et l'*Ave maris Stella*. Là, après la proclamation de la bulle et des indulgences attachées à la bénédiction papale qui sera donnée à toutes les assemblées religieuses du Congrès, le légat est entré dans le tombeau du Christ et les pèlerins se sont séparés, après avoir reçu sa première bénédiction.

Les offices solennels du Congrès ont commencé le lendemain dimanche par la messe à Bethléem. L'après-midi a eu lieu également à Bethléem une fort belle procession du Saint Sacrement dans l'enclos des Pères de *Bétharram*.

Le lundi, la messe pontificale a été célébrée à Saint-Sauveur par Mgr Piavi, patriarche latin. On sait que la belle église du couvent franciscain de Saint-Sauveur est l'église paroissiale des catholiques latins de Jérusalem.

Permettez-moi, mes chers confrères, de résumer bien imparfaitement ce Congrès, en disant successivement quelques mots : premièrement sur les exercices eucharistiques, en second lieu sur les travaux journaliers.

Pendant toute cette sainte semaine, le Saint Sacrement resta exposé dans l'église du Patriarcat et je n'étonnerai personne, en citant au nombre des adorateurs assidus, des nuées d'enfants appartenant aux diverses écoles catholiques, s'empressant à l'instigation du P. Durand, de venir passer des heures aux pieds du Dieu de la Crèche.

Chaque jour la messe pontificale est célébrée dans un sanctuaire différent et dans les rites divers, par les Prélats congressistes.

Chaque jour aussi, la journée est terminée par une splendide procession du Saint Sacrement, à laquelle prennent part les catholiques de Jérusalem, hommes et femmes, ces dernières enveloppées, visage découvert, d'un grand voile blanc qui descend jusqu'aux pieds.

Les messes solennelles ont été dites successivement dans le rite latin — dans le rite melchite — dans le rite syrien — dans le rite maronite — dans le rite arménien — dans le rite chaldéen — dans le rite copte — et dans le rite slave.

Citons la messe du mardi 16 mai, qui a été célébrée par le patriarche grec, Sa Béatitude Grégorios I, assisté de ses évêques suffragants, revêtus d'ornements orientaux aux amples dimensions et aux couleurs différentes, tous quatre officiant avec lui et participant à la même consécration et à la même communion eucharistique, sous les deux espèces.

Le légat assista à cet office, qui dura près de deux heures.

Citons encore la procession du Saint Sacrement qui a eu lieu à Sainte-Anne, selon le rite grec. L'ostensoir que portait le patriarche contenait l'Eucharistie sous les deux espèces. Les chants ont été exécutés en grec.

Il fallait aller à Jérusalem pour se convaincre que toutes ces liturgies différentes des Églises orientales ont la source la plus pure et la plus antique, et remontent à l'apôtre saint Jacques, à saint Basile, à saint Ephrem. — Que les Églises sont une dans leur foi, comme dans leur soumission au Saint-Père.

Malheureusement, à côté de ces églises unies, il y a des églises séparées ou schismatiques usant des mêmes liturgies. C'est la cause de nombreux préjugés et ce ne sera pas un des moindres fruits du Congrès de les faire disparaître.

Le Souverain Pontife aime tellement ses églises d'Orient, qu'à moins d'une autorisation émanant de lui, le schismatique converti doit entrer dans l'Église unie du même rite que celui dont il faisait partie. Il est évident qu'un schismatique grec hésiterait à se convertir, s'il savait qu'il doit abandonner les usages et le rit grec, pour faire partie de l'Église latine.

Aussi le Saint-Père a tenu à rappeler à l'abbé du couvent grec uni, situé à Grotta Ferrata, à la porte de Rome, dans lequel les usages latins s'étaient peu à peu introduits, qu'il eût à rétablir dans son couvent la liturgie grecque !

D'autre part, les Orientaux n'étaient-ils pas disposés à croire qu'il existait chez les peuples et le clergé des pays d'Occident une prévention contre leurs rites et leurs liturgies?

La présence parmi eux du légat qui, suivant son expression, *est venu leur apporter le cœur du Pape*, a dissipé tous les nuages, a levé tous les voiles et c'est à la pure lumière du Dieu de l'Eucharistie que nous devons ce rapprochement inespéré des églises d'Orient et d'Occident.

Aussi bien peut-on dire qu'on doit ce résultat à la prière constante.

Plusieurs nuits furent passées en adoration à la chapelle de la Crèche, à Bethléem. Le jeudi 18 mai, il y avait pour la troisième fois adoration nocturne à la grotte de Gethsémani. Le lendemain, les dames réclamaient leur tour et les plus vaillantes d'entre elles restaient toute la nuit en prières devant Jésus-Hostie, chez les Dames de Sion, au sanctuaire de l'*Ecce Homo*.

Les Œuvres de charité ne furent pas négligées davantage. Le samedi du Congrès, nous suivions le cardinal légat qui avait voulu lui-même servir le repas traditionnel du pèlerinage de pénitence, offert aux lépreux. Qu'il fut beau et touchant de voir ce Prince de l'Église fléchir le genou devant ces images douloureuses du Christ, en déposant dans chacune de leurs écuelles une large portion et en leur parlant le langage de l'amour dont chacune des paroles leur était traduite par un interprète : *C'est Jésus-Christ lui-même*, s'écriaient-ils en voyant tant de charité. Les religieuses de Saint-Vincent de Paul qui soignent les lépreux, aux dépens de leur vie, étaient présentes.

Le dimanche 21, nous assistions à la Conférence de Saint-Vincent de Paul de Jérusalem. Il semblait que nous retrouvions la France et notre bon saint Vincent de Paul, que nous aimons tant.

Enfin disons quelques mots du grand acte de foi qui s'accomplit publiquement chaque année par le pèlerinage de pénitence, sous le drapeau du Coran, au milieu d'une population appartenant à toutes les races et à toutes les religions, je veux dire le Chemin de Croix.

Le Chemin de Croix a emprunté cette année à la présence des congressistes et surtout des prélats, une solennité exceptionnelle. Le Congrès ne s'est pas réuni l'après-midi du vendredi 17 mai, afin que ses membres puissent prendre part à cette pieuse cérémonie. Il est impossible de décrire cette imposante procession, dont la vue impressionnait visiblement les habitants de Jérusalem, qui formant une double haie tout le long du parcours de l'immense cortège, témoignaient leur respect et leur surprise en voyant sept évèques et plus de trente prêtres portant sur leurs épaules l'une des grandes et lourdes croix du pèlerinage de pénitence.

Parcourons en second lieu, rapidement, les travaux du Congrès.

Le volume qui contiendra ces travaux *in-extenso*, doit paraître incessamment; nous nous bornerons donc à dire que plusieurs discours importants ont été acclamés et qu'il a été lu au Congrès un grand nombre de mémoires traitant des liturgies orientales, qui ont pour origine les liturgies de saint Jacques, de saint Marc, de saint Basile de Césarée, de saint Chrysostôme et de saint Grégoire de Naziance; mémoires traitant également des nombreux témoignages d'adoration au Saint Sacrement, en usage dans les églises d'Orient et d'Occident.

Deux rapports ont été présentés sur l'Œuvre de l'Adoration nocturne : le premier, émanant de Paris; le second, dû à la plume du Dr Jacques, de Montréal.

Les derniers instants du Congrès, après la bénédiction pontificale donnée par le légat, ont été consacrés à entendre les acclamations au Saint-Père et à toutes les autorités religieuses présentes à l'assemblée. Ces acclamations, dont l'usage commencé à Nicée, s'est perpétué à la clôture des Conciles œcuméniques, sont d'un effet grandiose et très impressionnant.

Agnus vincit, chante le chœur et le peuple répond : *Suaviter.*

Agnus regnat avec le répons : *Feliciter.*

Agnus imperat avec le répons : *Perenniter.*

Puis sont venues les acclamations au Saint-Père, au légat et aux prélats, composées de l'appellation et invocations aux patrons des pontifes, de leurs églises et de leurs peuples.

La journée du lundi 22 mai devait être la dernière passée par les pèlerins de la pénitence à Jérusalem. Elle fut, comme les précédentes, marquée d'événements mémorables.

Le cardinal légat vint à 10 heures et demie du matin poser la première pierre de l'église de Notre-Dame de France, et bénir l'hôtellerie. Cette cérémonie fut suivie d'un banquet offert dans un réfectoire improvisé; les murs inachevés étaient couverts de toiles auxquelles étaient suspendus un très grand nombre de bannières ou drapeaux de divers pays. Il y avait près de mille couverts. A la table élevée au fond de l'immense réfectoire, prirent place le légat accompagné du consul et suivi de tous les évêques et des représentants des ordres religieux. La croix lumineuse, éclairée à l'électricité, brillait de ses mille feux au fond de la salle, en face du légat. Cinquante-cinq religieux de l'Assomption servaient les tables qui se déroulaient devant celle du légat et des évêques, en cinq ou six rangées.

Après les toasts et les acclamations, le cardinal se leva et, en vertu des pouvoirs qu'il tenait du Saint-Siège, annonça qu'il décernait la décoration exceptionnelle de grand'croix de Saint-Grégoire, au consul général de France. Une explosion d'acclamations retentit sur tous les points.

Le soir, la croix lumineuse élevée jusqu'à la hauteur du toit disait à toute la ville sainte la joie et la gratitude des nombreux hôtes de Notre-Dame de France!

Le retour en France par mer sur les deux bateaux *le Poitou* et *la Ville de Brest*, fut aussi édifiant qu'à l'aller.

Mêmes hommages rendus à la sainte Eucharistie conservée sur les deux navires, mêmes saluts solennels tous les soirs, mêmes adorations nocturnes, mêmes dévotions aux âmes du purgatoire.

Signalons sur *le Poitou* la première communion et le renouvellement de la première communion de deux mousses et la confirmation par Mgr de Goësbriant, évêque de Burlington.

A Jaffa, nous avions appris le décès à l'hôpital de Jérusalem de M. de Mauduit-Duplessis, gentilhomme breton et grand chrétien, qui, malgré ses 80 ans, avait voulu entreprendre une troisième fois le pèlerinage en Terre sainte; à Naples, le télégraphe nous apprenait encore une douloureuse nouvelle. M. Récamier avait succombé aux suites d'une écorchure que le climat et sa constitution avaient empêché de cicatriser.

Il y eut à bord, pour chacun d'eux, une grand'messe de *Requiem* et un concert de prières unies à nos douloureux regrets.

Mais déjà la Jérusalem céleste a dû recevoir dans son sein ces deux âmes d'élite, épurées par la foi et le sacrifice !

Un mois après la rentrée des congressistes en France, le cardinal se rendait à Lourdes, le 2 juillet, pour présider les fêtes du xviie anniversaire du couronnement de la Vierge de Massabielle.

Avec cette grâce exquise qui le distingue, le cardinal légat a pris la parole :

« *Magnificat !* a-t-il dit en substance, tel est le cantique de ces lieux bénis et de cette fête joyeuse, tel sera aussi mon cri de reconnaissance. Une lettre du Saint-Père est venue un jour solliciter de moi une œuvre humainement impossible ; il fallait présider en son nom et sous son autorité un congrès eucharistique en un pays où les difficultés inextricables se dressent à chaque pas. J'ai mis toute ma confiance en Notre-Dame de Lourdes. Voilà que juifs, musulmans, schismatiques, se sont inclinés avec respect devant l'envoyé du Pape. Quarante évêques ont fait assaut de science, de prières, d'éloquence, pour célébrer le Sauveur dans la même ville où retentirent autrefois ces mots : *Tolle, crucifige.* La croix a été portée en triomphe sur les stations de la voie douloureuse, et plusieurs évêques ont revendiqué l'honneur de la charger sur leurs épaules. Le monde a été ravi de voir régner la paix au foyer principal de toutes les dissensions religieuses. Léon XIII a pleuré d'émotion au récit de ce qui s'est accompli à Jérusalem. »

Avec notre vénéré cardinal, chantons l'hymne du triomphe et de l'action de grâces !

Magnificat !

B^{on} DE LIVOIS.

Paris. — J. Mersch, Imp., 22, place Denfert-Rochereau.